own write **own**

own
_own
_own
__own
__own

g
d
cl
dr

ask write **ask** ask ___

ask   ask

m   fl   l   c

_ask
__ask
_ask

w r l sp

gown   cask   drown
mask   clown   flask   down

ear write **ear** _ear ___

ear

_ear
_ear
_ear
_ear

1982

JAN	FEB	MAR	APR
MAY	JUNE	JULY	AUG
SEPT	OCT	NOV	DEC

p y
t b

d
h ear ___ ___
w

n
f ear ___
g

w r l sp

pear   hear   year   gear
dear   bear   fear   tear
near   wear

4

write **low** _low_ _ _ _

low

_low   _low   _low

low f g b s

_low

write **ice** _ice_ _ _ _

ice

_ice d m r v   _ice

_ice _ice

w r l sp →

glow   dice   slow   vice
blow   rice   flow   mice

write **and** _and_ ___ ___

_and

_and _and

_and

_and _and ___ ___

_and

and

___ ___ ___ ___

write **all** _all_ ___ ___

c

_all

f

_all

all

_all

t

b

_all

_all

w

w r l sp

band   tall   land
fall wall hand ball
sand   wand   call

6

write **old**   o l d _____

old

_ old   _ old

_ old   c s
g f   _ old

write **oil**   o i l _____

oil   b s c

_ oil

_ oil   _ oil

w r l sp

sold boil gold coil
cold soil fold

revision

old | ice | own | ask | ow | end | ink | oil

g<u>old</u> <u>gold</u>	l___ ____	dr___ _____
m___ ____	w___ ____	cl___ _____
r___ ____	sl__ ____	fl___ _____
d___ ____	s___ ____	sp___ _____
m___ ____	bl__ ____	l___ _____
d___ ____	b___ ____	r___ ____
c___ ____	s___ ____	

I watched the kettle  _____.

We plant seeds in  _____.

Please  _____ your clothes.

I filled my pen with  ____.

I  _____ up my balloon.

are write **are** are ___

c
r — are
d

_are
_are
_are
_are

ill write **ill** ill ___

ill
_ill _ill
_ill _ill

p h t b

w r l sp →

bare hill mare till
fare pill bill care
rare dare hare

ark · write **ark** · a r k ___

ark
b   p
l   sh

_ ark

_ ark

_ ark

__ ark

arm · write **arm** · a r m ___

arm

_ arm

_ arm

__ arm

sw   f   w

w r l sp ➡ park farm bark warm
shark swam lark

our write **our** our ___ ___

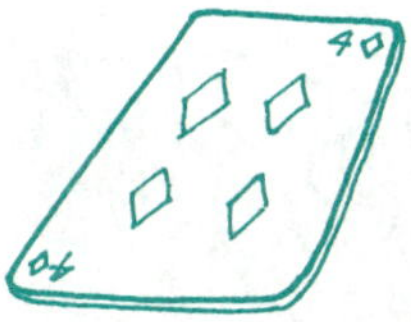

ugh!

4 our

f h
_our _our
_our _our
p s

eat write **eat** eat

eat

_eat _eat
_eat _eat

s m   t b

w r l sp → sour teat hour beat
pour meat four seat

ace write **ace** ace _ _ _ _ _

ace

_ace
f   l
r _ace _ace p

_ace

ail write **ail** ail _ _ _

_ail
_ail _ail
_ail

ail
n t   s r

w r l sp ➡

face nail race tail
pace nail lace sail

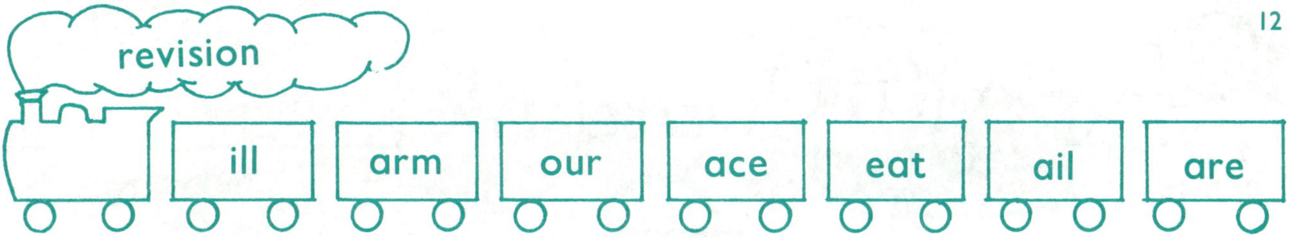
revision
ill
arm
our
ace
eat
ail
are

hill	hill	r_ _ _	_ _ _ _
s_ _ _	_ _ _ _	m_ _ _	_ _ _ _
b_ _ _	_ _ _ _	c_ _ _	_ _ _ _
h_ _ _	_ _ _ _	s_ _ _	_ _ _ _
t_ _ _	_ _ _ _	h_ _ _	_ _ _ _
f_ _ _	_ _ _ _	w_ _ _	_ _ _ _
f_ _ _	_ _ _ _	f_ _ _	_ _ _ _
w_ _ _	_ _ _ _	r_ _ _	_ _ _ _
f_ _ _	_ _ _ _	p_ _ _	_ _ _ _

We saw a 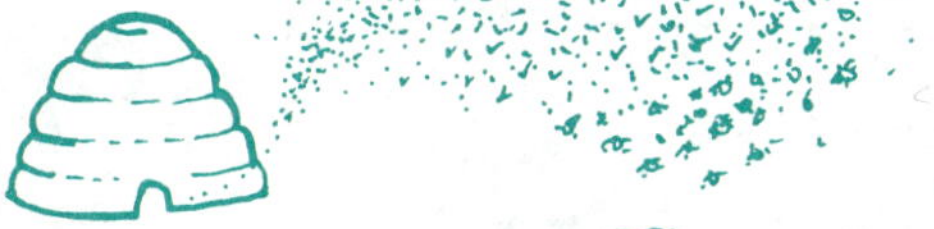 _ _ _ _ _ _ of bees.

My mum took a 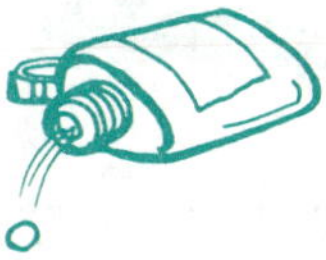 _ _ _ _ _ when she was 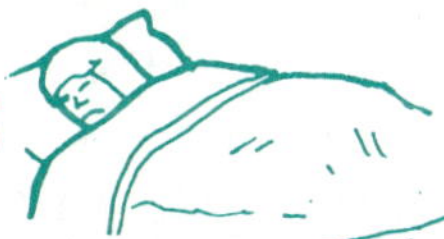 _ _ _ _.

I paid my 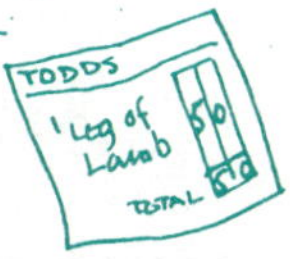
TODDS
Leg of Lamb
TOTAL
_ _ _ _ _ for the _ _ _ _ _.

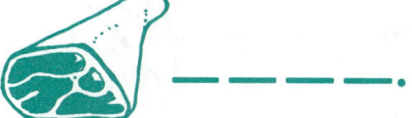

nk write nk nk _ _ _ _ _

nk

ba si ta

_ _ nk _ _ nk

_ _ nk

th write th th _ _ _ _ _

__ick

th 3 __in th

__ree

e _ _ _ _

is _ _ _ _ _

ey _ _ _ _

at _ _ _ _

w r l sp

the three tank that
thick bank this sink
thin they

ing write **ing** ing ____

ing

_ing _ing
_ing _ing
w
r
s
k

amp write **amp** amp

amp
_ amp
_ amp
__ amp
__ amp

tr st l
c

w r l sp → lamp sing tramp ring
stamp wing camp king

write **cl** cl __ __ __ __

cl ass _ _ _ _ _ _

cl ean _ _ _ _ _ _

ose _ _ _ _ _ _

cl __ __ own

__ __ ap

__ __ oud

__ __ ock

write **fl** fl __ __ __ __

__ __ y

__ __ ats __ __ ag

__ __ ower

__ __ our __ __ ask

fl

w r l sp

cloud flower class flask
close flag clean flats clap
flour down clock fly

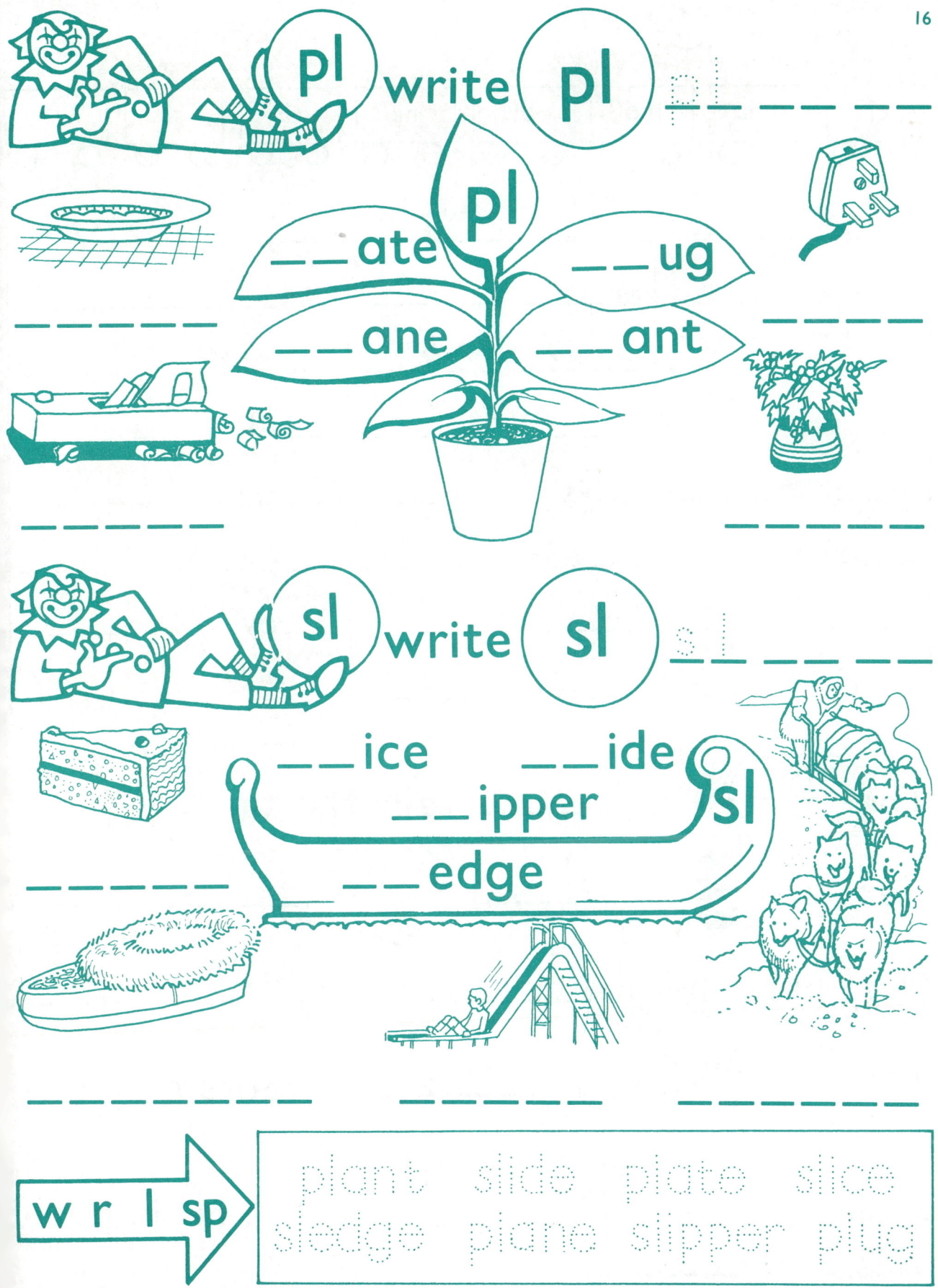

write **pl** pl _ _ _ _ _

_ _ ate   _ _ ug

_ _ ane   _ _ ant

write **sl** sl _ _ _ _ _

_ _ ice   _ _ ide

_ _ ipper

_ _ edge

w r l sp

plant slide plate slice
sledge plane slipper plug

revision

| cl | amp | ing | pl | nk | th | sl | fl |

k̲i̲n̲g̲ k̲i̲n̲g̲	br____ _____	str____ _____
c____ _____	__ass _____	__ant _____
__ay _____	sa__ _____	__ide _____
pi__ _____	__is _____	__our _____
__ow _____	__eep _____	__ease _____
s____ _____	ba__ _____	__ey ____
__e ____	__em ____	

The  _____ tells the time.

Here are **3** _____ _____.

Mum puts the _____ in the _____.

The _____ wears only one _____.

A bird cannot ____ with a broken ____.

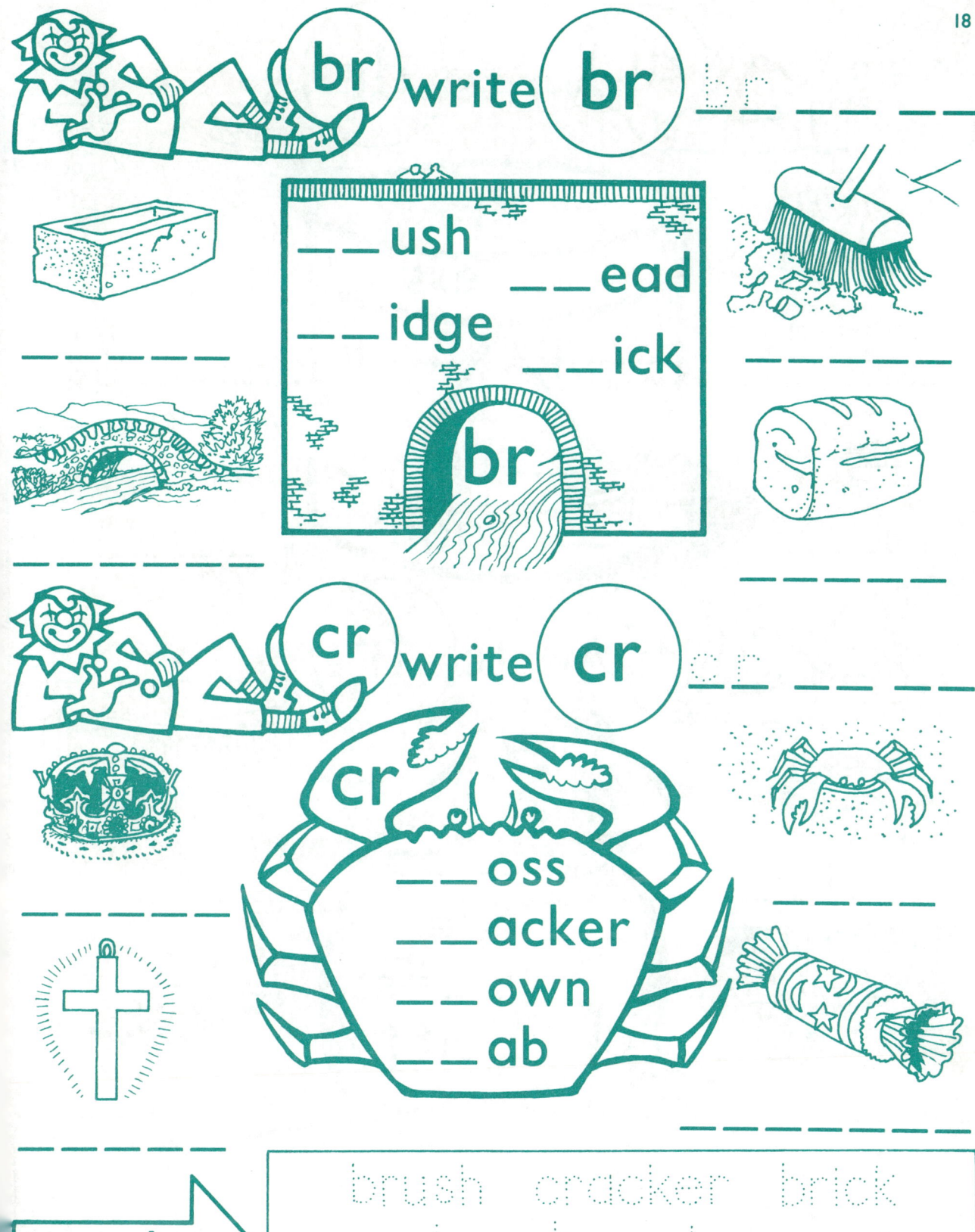

br write **br** br __ __ __ __

__ __ush

__ __ead

__ __idge

__ __ick

br

cr write **cr** cr __ __

cr

__ __oss

__ __acker

__ __own

__ __ab

w r l sp

brush   cracker   brick
crab   bread   cross
bridge   crown

dr write **dr** dr _ _ _ _

dr
___ ess
___ ip   ___ ill
___ um
___ agon

fr write **fr** fr _ _ _

fr
___ og
___ idge
___ ost
___ uit

w r l sp

frost   drum   dragon
fruit   dress   fridge
frog   drill   drip

write **gr** gr _ _ _ _

gr

__apes
__andad
__andma
__ass
__in

write **tr** tr _ _ _ _

__ee
__umpet
__actor
__ain

tr

w r l sp

trumpet grass tractor
grandma tree grapes
train grin grandad

sh write **sh** sh _ _ _ _ _

_ _ _ _ _ _

_ _ _ _ _ _ _   _ _ _ _ _ _

sh

_ _ ell   _ _ ark

_ _ ed   _ _ ip   _ _ eep

_ _ _ _ _   _ _ _ _

sh < e   _ _ _
op   _ _ _ _
ow   _ _ _ _

sh < out   _ _ _ _ _
ut   _ _ _ _
irt   _ _ _ _

w r l sp ⟹ shell   shirt   shop   sheep
shout   ship   she   shark
shed   show   shut

ch write **ch** ch __ __ __

ch

__ __ ain
__ __ eese
__ __ icken
__ __ air

_____

_____

_____

_____

ch ⟨ in   _____
     ips   _____
     ange   _____

ch ⟨ urch   _____
     ild   _____
     ew   ____

w r l sp ▷ chips chair chew chicken
            change chin chain church
            child cheese

revision

| br | cr | dr | fr | gr | tr | sh | ch |

b_ush   b_r_u_s_h   __air   _____

__iend _____   __ead   _____

__oss   _____   __idge   _____

__ell   _____   __andad _____

__agon _____   __ow   ____

__andma _____   __actor _____

__uit   _____   __eese   _____

__ee   ____   __ass   _____

__e   ___   __own   _____

I wore my new _____ to go to _____.

The _____ fell from the _____.

I ate the _____ on the _____.

wh write **wh** wh _ _ _ _

_ _ _ _ _ _ _ _

_ _ _ _

__ iskers

__ ale **wh** __ istle

__ eat

__ eel

_ _ _ _ _ _ _ _

_ _ _ _ _

_ _ _ _ _ _ _ _

_ _ _ _ _

wh — y _ _ _
— en _ _ _ _
— at _ _ _ _

wh — ere _ _ _ _ _
— ich _ _ _ _ _
— o _ _ _

w r l sp ➤ which when whale what
who wheat whiskers why
whistle wheel where

st write **st** st _ _ _ _

st __ool __ep __ar __airs

st write **st** st _ _ _ _

fi **st** ne
gho ve
__st
__st
__st
___st

w r l sp

fist stool ghost star
vest step nest stairs

ck write **ck** _ck_ _ _ _ _

ck

so
du
lo
clo

_ _ ck
_ _ ck
_ _ ck
_ _ _ ck

sh write **sh** _sh_ _ _ _ _

sh

_ _ sh   fi
_ _ sh   wa
_ _ _ sh   cra
_ _ sh   di

w r l sp

lock fish clock wash
sock duck dish crash

ee write ee ‿‿ _ _ _ _

sw _ _ ts
b _ _
t _ _ th
f _ _ _ t

oo write oo ‿‿ _ _ _ _

b _ _ k
d _ _ r
f _ _ t
m _ _ n

w r l sp

feet book bee door
moon sweets foot teeth

write **OW** _ _ _ _ _ _ _ _

OW

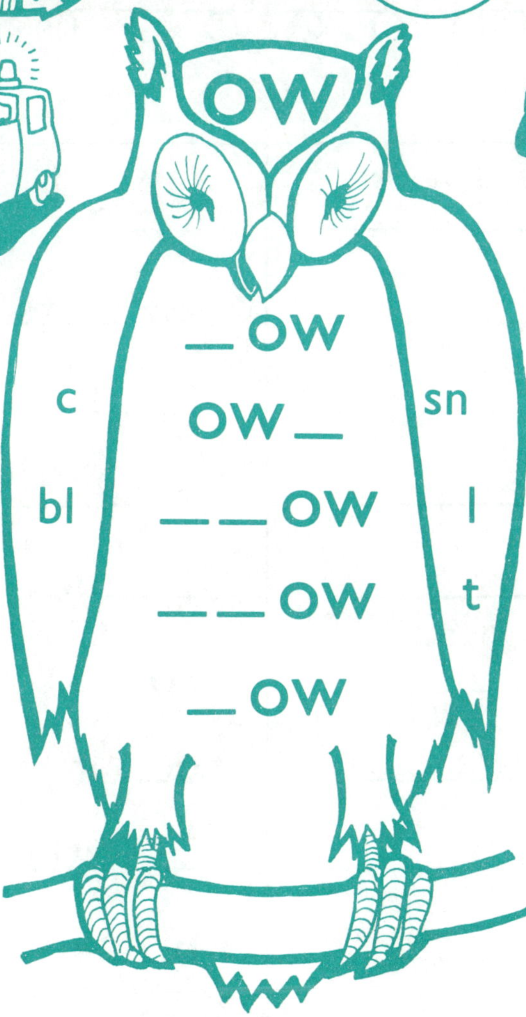

_ _ ow

c　　ow _

bl　_ _ ow　sn

　　_ _ ow　l

　　_ ow　t

_ _ _ _

_ _ _ _

_ _ _

_ _ _ _

sh
cr — **OW** _ _ _ _ _ _ _ _
kn _ _ _ _ _

t
b — **OW** — l
fl　　　er

er _ _ _ _ _ _
_ _ _ _
_ _ _ _ _ _

w r l sp

tow　crow　flower　cow
show　owl　tower　snow
bowl　know　blow

revision

| wh | st | ee | ck | ow | sh | oo |

---

wh eel   wheel

fi __ __   ____

z __ __   ___

t __ __ th   _____

gho __ __   _____

clo __ __   _____

t __ __ er   _____

__ __ airs   _____

wa __ __   ____

__ __ ar   ____

sw __ __ ts   _____

f __ __ t   ____

wind __ __   _____

__ __ ale   _____

so __ __   ____

d __ __ r   _____

__ __ istle   _____

b __ __ k   ____

The  ____ jumped over the ____

The ____ sat in his _____.

A ____ has webbed ____

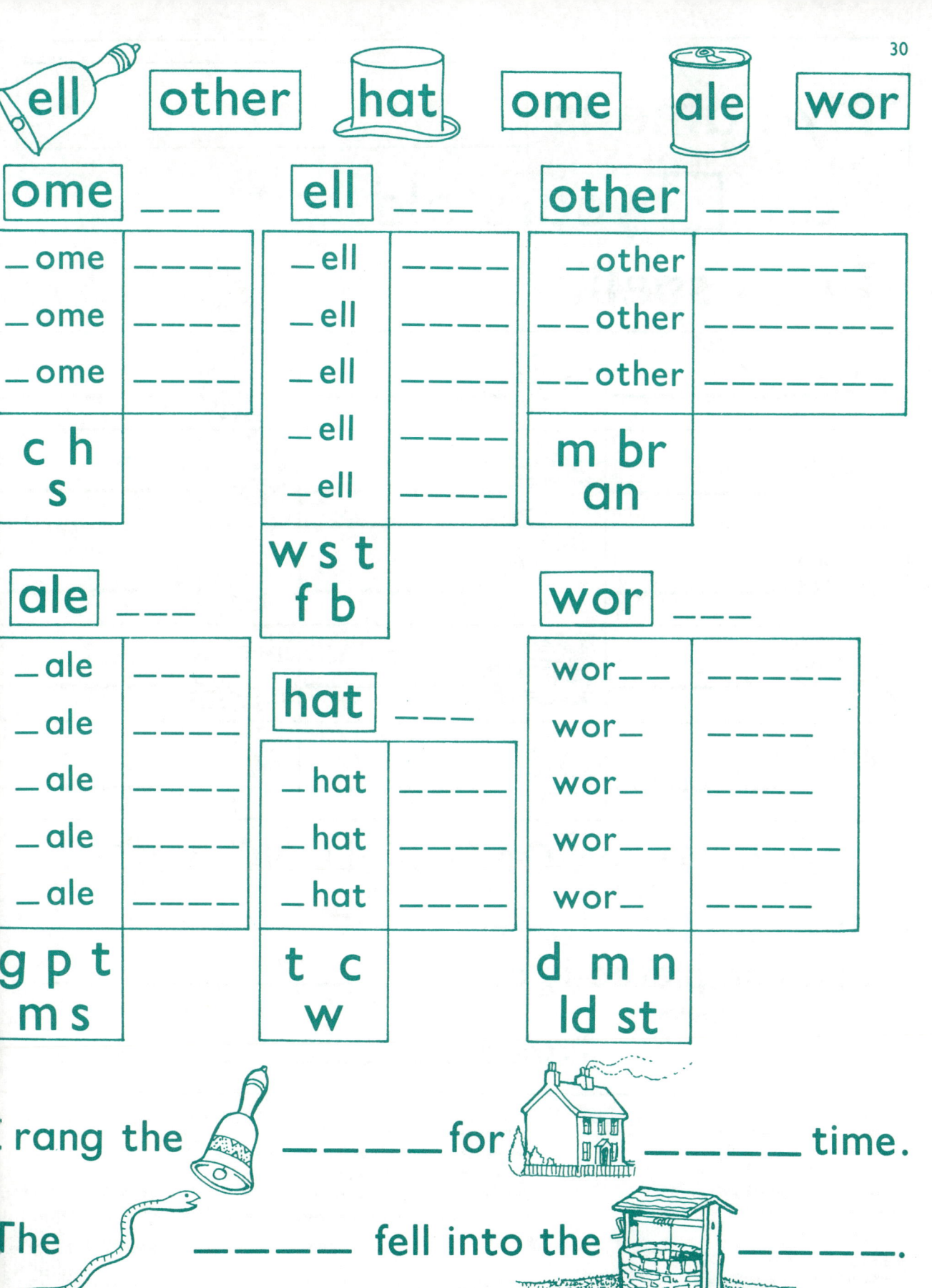

ell **other** **hat** **ome** **ale** **wor**

ome ___

_ome	_ _ _ _ _
_ome	_ _ _ _ _
_ome	_ _ _ _ _

c h
s

ell ___

_ell	_ _ _ _ _
_ell	_ _ _ _ _
_ell	_ _ _ _ _
_ell	_ _ _ _ _
_ell	_ _ _ _ _

w s t
f b

other _____

_other	_ _ _ _ _ _
__other	_ _ _ _ _ _
__other	_ _ _ _ _ _

m br
an

ale ___

_ale	_ _ _ _ _
_ale	_ _ _ _ _
_ale	_ _ _ _ _
_ale	_ _ _ _ _
_ale	_ _ _ _ _

g p t
m s

hat ___

_hat	_ _ _ _ _
_hat	_ _ _ _ _
_hat	_ _ _ _ _

t c
w

wor ___

wor__	_ _ _ _ _
wor_	_ _ _ _
wor_	_ _ _ _
wor__	_ _ _ _ _
wor_	_ _ _ _

d m n
ld st

rang the _____ for _____ time.

The _____ fell into the _____.

My name is

I am ☐ years old.

I can spell.

 _ _ _ _ _ _	_ _ _ _ _ _	_ _ _ _ _
_ _ _ _ _	_ _ _ _ _ _	_ _ _ _ _
_ _ _ _ _	_ _ _ _ _	_ _ _ _ _
_ _ _ _ _	_ _ _ _ _	_ _ _ _ _
_ _ _ _ _	_ _ _ _ _ _	_ _ _ _ _

I began MY SECOND SPELLING BOOK

on _____

and completed it on _____.

Signed _____

Published by Collins Educational
An imprint of HarperCollins*Publishers*
77-85 Fulham Palace Road, London W6 8JB

The HarperCollins website is:
www.fireandwater.com

© C.E.M.A.

Illustrations by T. Wanless
Printed in Great Britain by Martins the
Printers Ltd, Berwick-upon-Tweed

ISBN 0 00 312281 6

This impression 2001

ISBN 0-00-312281-6

9 780003 122817